Für Roja

alles Liebe

Christina [illegible]

Christina Sammüller

Zoe will's wissen

Edition Presse-Druck- und Verlags-GmbH
Verlag der Augsburger Allgemeinen
im Wißner-Verlag

Die Deutsche Bibliothek - CIP-Einheitsaufnahme

Sammüller, Christina:
Zoe will's wissen / Christina Sammüller. - Augsburg : Wißner, 2000
(Edition Presse-Druck)
ISBN 3-89639-239-5

Illustrationen: Christina Sammüller
Umschlaggestaltung/Bildbearbeitung: Alfred Neff
Druck: Presse-Druck- und Verlags-GmbH, Augsburg

Zoe will's wissen

Auf dem Grund eines tiefen Ozeans leben die Meerelfen.
Und sie haben es ganz schön da. In so einem tiefen Ozean
findet man nämlich viele bunte Fische und Sonnenseesterne
und Wasserschildkröten und Seepferdchen, Krebse, Muscheln
und viele, viele Pflanzen.
Es gibt auch einen Meerelfenkönig. Er lebt im Muschelschloss
mit seiner lieben Frau und seinen sechs Kindern.

Das allerjüngste der Meerelfenkinder heißt Zoe. Und Zoe ist wirklich noch eine sehr kleine Meerelfe. Ihr bester Freund heißt Schluppi und ist eine kleine Schildkröte. Weil Schluppi so langsam schwimmt, zieht Zoe ihn immer an einer langen Leine hinter sich her.
Zoe mag am liebsten rosa Zuckerkorallen, weil die so süß schmecken.

Und manchmal hängt sie sich an die Schwanzflosse von Raketenfischen. Es macht ihr nämlich Spaß, so schnell durchs Meer zu brausen.

Aber am allerliebsten spielt Zoe mit ihren Geschwistern und Schluppi draußen im Algenhain. Da kann man sich so schön verstecken.

Einmal geraten die Meerelfenkinder beim Spielen in einen Streit. Immer will Zabo alles bestimmen. Bloß weil er der älteste ist. Und weil er wütend ist, sagt er: „Wenn ihr mich nicht König sein lasst, hole ich den Bösen Bü und der frisst euch alle auf!"
Zoe hat noch nie von diesem Bösen Bü gehört. Deshalb fragt sie Zabo: „Du Zabo, wer ist denn der Böse Bü?"
Zabo, dieser gemeine Blödian, lacht Zoe aus und ruft: „Also du bist doch wirklich noch ein kleines Baby! Den Bösen Bü kennt doch jeder! Er ist ein riesiges Monster mit langen spitzen Zähnen. Und er frisst kleine Babymeerelfen wie dich." Er piekst seinen Zeigefinger in Zoes Bauch.
Das klingt ja schaurig! Zoe spürt eine Gänsehaut auf ihrem Rücken.

Bahar as

Abends kommt Mama zum Zudecken. Da fragt Zoe:
„Kennst du den Bösen Bü?"
Ihre Mama schaut ganz erschrocken und sagt: „Oh, natürlich
kenne ich diesen Seeteufel! Ich bin bloß froh, dass ich ihm
noch nie über den Weg geschwommen bin!"
„Wie sieht er denn aus?" will Zoe wissen.
„Das weiß ich auch nicht. Aber ich habe gehört, dass er ein
ganz großes Maul hat. Das ist so groß, dass er einen Wal
auf einen Satz verschlingen kann!"

In der Nacht träumt Zoe von dem Bösen Bü. Sie träumt von seinem riesigen Maul. Zoe bekommt ganz schreckliche Angst. Sie läuft schnell zu Mama und Papa und kriecht in ihr Bett. Da wird die Angst ein bisschen weniger.

Am nächsten Tag fragt Zoe ihren Papa: „Papa, kennst du den Bösen Bü?"
„Oh ja!" ruft der Papa. „Ein gefräßiger Krake mit 25 langen Fangarmen. Was er einmal umschlingt lässt er nie wieder los! Zu seinem Glück hat er sich noch nie ins Meerelfenreich vorgewagt! Da könnte er was erleben!"
„Aber wieso bist du nie hingegangen und hast ihm eins draufgegeben?" will Zoe wissen. Da sagt der Papa nichts mehr.

Auch in dieser Nacht träumt Zoe von dem bösen Gesellen. Doch diesmal ist er ein Krake mit langen Fangarmen. Damit will er Zoe ganz fest umschlingen. Zoe wacht auf, weil sie so grosse Angst bekommt. Sie muss sogar weinen.

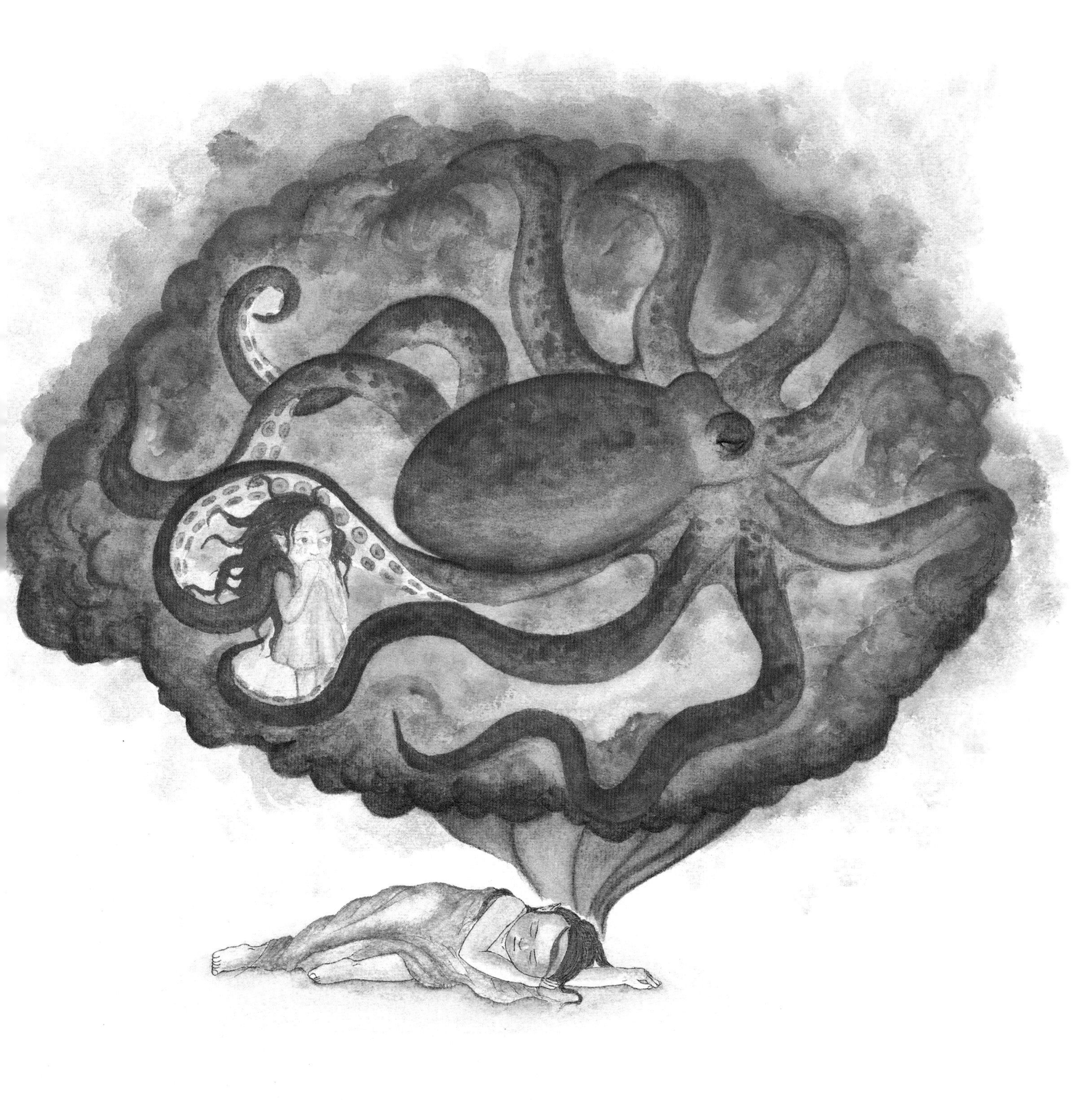

Am nächsten Tag spielen alle Meerelfenkinder draußen. Nur Zoe sitzt in ihrem Zimmer. Sie muss die ganze Zeit an den Bösen Rü denken und hat Angst.
Schluppi schwimmt um Zoe herum und will sie aufheitern.
„Was weißt du eigentlich über den Bösen Rü?" fragt ihn Zoe plötzlich.

Also, ich bin ja bloß froh, dass ich ihn noch nie gesehen habe!" antwortet Schluppi. „Aber meine Mama hat mir von ihm erzählt. Er ist eine lange Seeschlange mit giftigen, langen Zähnen. Und ganz schlau ist er. Er versteckt sich nämlich in Felsspalten. Und da wartet er dann so lange, bis jemand vorbeischwimmt. Und dann - haps - verschlingt er ihn!"

Auch in dieser Nacht träumt Zoe wieder vom Bösen Bü. Da wird ihr auf einmal klar, was sie tun muss.

Am nächsten Tag spielt Zoe draußen mit ihren Geschwistern.
Doch - als mal keiner guckt - schwimmt Zoe ganz schnell weg
bis sie keiner mehr sehen kann. Schluppi zieht sie hinter sich her.
Der ist ganz verdattert. Denn der weiß ja noch gar nicht,
was Zoe vorhat.
„Sag mal, was machst du eigentlich mit mir?" japst die kleine
Schildkröte.

„Ich suche jetzt den Bösen Bü!" sagt Zoe ganz entschlossen. Schluppi verschluckt sich fast vor Schreck. „Ja, sag mal, bist du völlig verrückt?" ruft er aus.
„Nein, bin ich gar nicht!" sagt Zoe. „Weißt du, alle haben so große Angst vor ihm. Dabei weiß niemand genau, wie er eigentlich aussieht. Ich muss doch wissen, wovor ich Angst habe, oder?"
Schluppi starrt Zoe mit seinen großen runden Augen an. Er muss erst ein bisschen nachdenken. Aber dann versteht er, dass Zoe Recht hat.
„Und? Kommst du mit?" fragt Zoe ungeduldig. Schluppi ist Zoes bester Freund. Und beste Freunde lassen sich in so gefährlichen Zeiten nicht im Stich. Schluppi weiß das ganz genau. Obwohl er nur eine kleine Schildkröte ist. Also fasst sich Schluppi ein Herz.
„Gut Zoe, ich komme mit. Ich stehe dir zur Seite, weil Freunde das so machen!" sagt Schluppi.

Zusammen ziehen sie los. Zwar haben sie ein bisschen Herzklopfen. Aber sie sind fest entschlossen, das gefährliche Scheusal zu finden.

Schon bald treffen sie einen alten Seeigel. Der kommt ihnen sehr erfahren vor. Sie wollen ihn fragen, wo man den Bösen Bü finden kann.

Der Seeigel traut seinen Ohren kaum: „Der Böse Bü ist das schrecklichste Ungeheuer, das in allen sieben Meeren lebt! Und ihr wollt ihn einfach mal so besuchen?!"

„Ja, genau!" sagt Zoe stolz.

„Er lebt in den schwarzen Felsen. Die liegen im finsteren Norden. Aber ihr müsst ganz vorsichtig sein. Er hat drei Köpfe und gefährliche lange Krallenflossen!" warnt der Seeigel.

Zoe läuft ein kalter Schauer über den Rücken. Schluppis Panzer beginnt zu zittern.

„Wir dürfen jetzt nicht aufgeben!" flüsert Zoe ihrem kleinen Freund zu. „Dankeschön, Herr Seeigel!" Und die beiden schwimmen in Richtung Norden weiter.

„Diese Kleinen sind völlig verrückt!" blubbert der Seeigel in sich hinein.

Unsere beiden tapferen Freunde schwimmen, bis sie in einen dichten Algenwald geraten. Schon bald haben sie sich völlig verschwommen. Sie wissen gar nicht mehr, wo sie sind. Doch zum Glück klebt da an einer Alge eine kleine Wasserschnecke.

„Du, wir haben uns verschwommen!" sagt Zoe zu der kleinen Wasserschnecke. „Wie kommen wir zu den Schwarzen Felsen?"

„Was wollt ihr denn da?" ruft die Schnecke entsetzt. „Dort haust doch der Böse Bü mit dem tödlichen Blick. Wenn der euch einmal anschaut, sinkt ihr tot zu Boden!"

Zoe schluckt. „Trotzdem", sagt sie mutig. „Wir müssen eben hin."

Die Schnecke schüttelt die zierlichen Stielaugen. „Ihr müsst nur ein paar Schwimmzüge geradeaus machen. Und folgt der Spur schwarzer Steine am Meeresboden. Die führen euch direkt hinein in die Schwarzen Felsen."

Es ist für Zoe und Schluppi gar nicht schwer, den schwarzen Steinen zu folgen. Aber irgendwann gibt es am Boden keine Steine mehr. Ratlos machen sie Halt. Doch zu ihrem Glück schwebt ein gewaltiger Rochen heran.

„He du", ruft Zoe ihm zu. „Kannst du uns sagen, wie wir zu den schwarzen Felsen kommen?"

„Ach, ihr seid doch schon da. Nur noch einige Schwimmzüge in diese Richtung." Der Rochen deutet mit der Schwanzflosse in die Richtung. Dort ist das Wasser dunkel und unheimlich.

„Aber was wollt ihr denn da?" fragt der Rochen neugierig.

„Wir wollen den Bösen Bü sehen", antwortet Schluppi eifrig.

Der Rochen lässt vor Schreck fast die Flügel fallen. „Diesen Wasserdrachen kann man nicht einfach anschauen. Der wird euch schön in Stücke zerreißen!"

„Hast du ihn denn schon mal gesehen?" fragt Zoe herausfordernd.

„Ja, bin ich denn verrückt?" Und der Rochen segelt davon.

Zoe und Schluppi fassen sich bei der Hand. Dann schwimmen sie mitten hinein in das dunkle, trübe Wasser. Schon bald können sie kaum noch was sehen.
„Zoe, ich hab ganz viel Angst!" flüstert Schluppi. „Ich kann schon gar nicht mehr geradeaus schwimmen!"
„Komm, wir wollen uns anschleichen", schlägt Zoe vor.
So kriechen sie zwischen den Felsspalten vorwärts.
„Meinst du, er kann mein Herz schlagen hören?" fragt Schluppi ängstlich.
„Pssst", macht Zoe plötzlich. „Da vorn ist doch was!"

Tatsächlich liegt da ein großer, alter, schrumpeliger Fisch in einer Felshöhle. Er sieht ganz traurig aus und hat gar keine Zähne mehr. Auf einmal fängt der Fisch zu singen an. Ein Lied mit ganz trauriger Melodie:

„Der Böse Bü, so nannten sie mich einmal.
Ich versetzte die Meere in Schrecken und Qual.
Heute kann ich mich nur in Schlafe singen,
denn ohne Zähn kann ich keinen Wasserfloh mehr zu Tode ringen."

Zoe und Schluppi schauen sich mit großen Augen an.
„Das ist der Böse Bü?" fragt Zoe.
„Das gibt's doch gar nicht", murmelt Schluppi. „Vor diesem zahnlosen Gesellen hat der ganze Ozean Angst? Mit dem kann man doch nur Mitleid haben!"

Nachdenklich machen sich die beiden Freunde auf den Nachhauseweg. Zara und Zabo schwimmen ihnen aufgeregt entgegen. Sie rufen: „Wo seid ihr denn gewesen? Wir haben euch schon gesucht!"

„Wir haben den Bösen Bü gesehen," sagt Zoe. „Und stellt euch vor, er ist nur noch ein zahnloser alter Opa! Der tut keinem mehr was!"

Zabo lacht sie aus. „Was redest du denn da? Du spinnst ja!"

Keiner glaubt den beiden Kleinen auch nur ein Wort. Doch das ist Zoe fast egal. Sie weiß jetzt, dass sie vor dem Bösen Bü keine Angst mehr haben muss. Von nun an kann sie wieder in Ruhe schlafen.

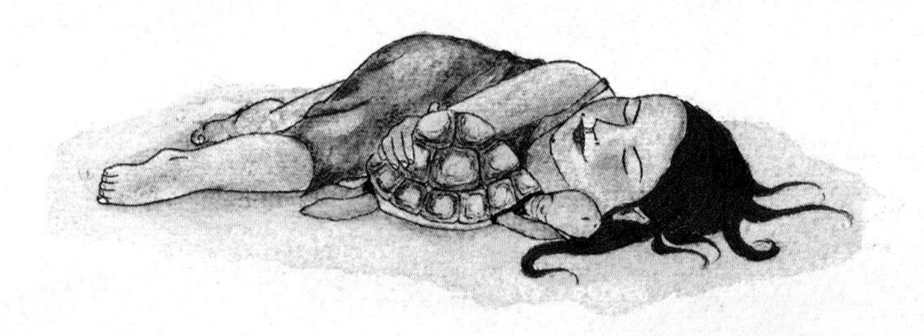